BEI GRIN MACHT SICH IHR WISSEN BEZAHLT

AF149217

- Wir veröffentlichen Ihre Hausarbeit, Bachelor- und Masterarbeit

- Ihr eigenes eBook und Buch - weltweit in allen wichtigen Shops

- Verdienen Sie an jedem Verkauf

Jetzt bei www.GRIN.com hochladen und kostenlos publizieren

Sascha Tiedemann

Gewalt in den Internationalen Beziehungen - Die Entwicklung von Kriegen

GRIN Verlag

Bibliografische Information der Deutschen Nationalbibliothek:

Die Deutsche Bibliothek verzeichnet diese Publikation in der Deutschen National-
bibliografie; detaillierte bibliografische Daten sind im Internet über http://dnb.d-
nb.de/ abrufbar.

Impressum:

Copyright © 2010 GRIN Verlag, Open Publishing GmbH
Druck und Bindung: Books on Demand GmbH, Norderstedt Germany
ISBN: 978-3-640-77882-9

Dieses Buch bei GRIN:

http://www.grin.com/de/e-book/161952/gewalt-in-den-internationalen-beziehungen-
die-entwicklung-von-kriegen

GRIN - Your knowledge has value

Der GRIN Verlag publiziert seit 1998 wissenschaftliche Arbeiten von Studenten, Hochschullehrern und anderen Akademikern als eBook und gedrucktes Buch. Die Verlagswebsite www.grin.com ist die ideale Plattform zur Veröffentlichung von Hausarbeiten, Abschlussarbeiten, wissenschaftlichen Aufsätzen, Dissertationen und Fachbüchern.

Besuchen Sie uns im Internet:

http://www.grin.com/

http://www.facebook.com/grincom

http://www.twitter.com/grin_com

Seminar: Theorien, Konzepte und empirische Befunde der Friedenspädagogik

(Teil 1 der Seminarreihe: Frieden, Gewalt und Sicherheit aus erziehungswissenschaftlicher Sicht)

WT 2010, V. Trimester

Ausarbeitung des Referatthemas:

Empirische Befunde:

Gewalt in den Internationalen Beziehungen

- Die Entwicklung von Kriegen -

Vorgelegt von:

Sascha Tiedemann

Abgabetermin: 10.02.2010

Inhaltsverzeichnis

1   Einleitung

Die vorliegende Arbeit ist eine schriftliche Ausarbeitung des Vortragsthemas „Gewalt in den Internationalen Beziehungen" im Rahmen des ISA- Kurses „ Theorien, Konzepte und empirische Befunde der Friedenspädagogik" an der Helmut Schmidt- Universität, welcher von Leutnant Tim Bohle und mir am 27.01.2010 präsentiert wurde. Um die Thematik des Seminars und der Friedenspädagogik besser verstehen zu können ist es notwendig, dass die Grundlagen der internationalen Beziehungen verstanden werden. Die Grundlage hierfür sollte unser Vortrag beinhalten. Den Schwerpunkt bildete eine Einführung in die Begrifflichkeiten „Internationale Beziehungen", „Krieg" und „neue Kriege", sowie eine anschauliche Darstellung der Entwicklung von Konflikten seit dem Jahre 1945 in empirischer Form. Weiterhin gaben wir einen Überblick über die aktuell herrschenden Konflikte der Welt.

Um eine umfassende Analyse von der Entwicklung von Konflikten und Kriegen, sowie einen Vergleich in die heutige Zeit erstellen zu können, bedienen wir uns an empirischen Befunden, die primär von der Hamburger Arbeitsgemeinschaft Kriegsursachenforschung (AKUF) und dem Heidelberger Institut für Internationale Konfliktforschung (HIIK) aufgestellt und publiziert wurden. Nach dieser kurzen Einleitung widme ich mich wie im Vortrag zunächst den theoretischen Begrifflichkeiten der internationalen Beziehungen, des Kriegsbegriffes und den sogenannten „neuen Kriegen".

Im zweiten großen Teil der Arbeit werde ich die Entwicklung der Kriege und bewaffneten Konflikte seit 1945 skizzieren. Danach soll eine kurze Übersicht über die aktuellen Konflikte der Welt gegeben werden um dann anhand von empirischen Befunden und Graphiken einige Aussagen über Entwicklung und Intensität dieser wiedergeben zu können. Abschließend soll ein Fazit nochmals die wichtigsten Erkenntnisse wiedergeben, sowie einige Denkanreize zur Thematik geben.

2   Der Begriff der Internationalen Beziehungen (IB)

Die „internationalen Beziehungen" sind neben der „Politischen Theorie und Ideengeschichte", „Innenpolitik", Vergleichenden Regierungslehre" und „Außenpolitik" eine Teildisziplin der Politikwissenschaften.

Bei der Begrifflichkeit der iB ist weiterhin zwischen dem „engen-„ und „weiten Begriff" zu unterscheiden. Der „enge Begriff" bezeichnet die „internationalen Beziehungen" als all die Beziehungen, die zwischen souveränen Nationalstaaten stattfinden. Der „weite Begriff" der iB bezeichnet hingegen das Geflecht grenzüberschreitender militärischer, politischer, kultureller und auch wirtschaftlicher Interaktionen, die zwischen staatlichen und nichtstaatlichen Akteuren stattfinden.[1] Auch internationale Organisationen, wie die Vereinten Nationen (VN) oder auch supranationale, sprich „überstaatliche" Organisationen, wie die Europäische Union, sind in diesem angesprochenen Interaktionsgeflecht im „weiten Begriff" der iB zu finden. Dieser hat sich gegenwärtig auch in der Politikwissenschaft etabliert.

Wie hier bereits definiert, können sich militärische, auch gewaltsame Interaktionen zwischen Staaten ereignen, die in verschiedenen Intensitäten bis hin zu Krieg führen können. Im folgenden Kapitel soll nun versucht werden, eine Definition zum „Kriegsbegriff" zu finden.

3 Der Kriegsbegriff

Zunächst ist es wichtig zu erkennen, dass es keine allgemeingültige „Definition" von Krieg gibt. Vielmehr gibt es eine Vielfalt von einzelnen Erklärungen, die versuchen eine normative und kategorisierende Deskription zu erreichen. Die „Hamburger Arbeitsgemeinschaft für Kriegsursachenforschung" (AKUF) hat in Anlehnung an den ungarischen Friedensforscher Istvan Kende (1917-1988) einen Kriegsbegriff formuliert, der den Krieg als gewaltsamen Massenkonflikt mit mehreren Merkmalen beschreibt.[2]

Diese Merkmale sind:

a) An Kämpfen sind zwei oder auch mehrere bewaffnete Streitkräfte beteiligt, bei denen es sich zumindest bei einer der Parteien um reguläre Streitkräfte, beispielsweise Militär oder Polizeieinheiten, der Regierungen handelt.

b) Bewaffnete Operationen ereignen sich mit einer gewissen Kontinuität und nicht nur gelegentlich oder spontan, sondern beide Seiten operieren nach einer planmäßigen Strategie, gleichgültig ob die Kämpfe auf dem Gebiet einer oder mehrerer Gesellschaften stattfinden und wie lange sie dauern.

c) Beide (bzw. alle) Parteien müssen ein Mindestmaß an zentral gelenkter Organisation vorweisen, selbst wenn es sich nur um beispielsweise planmäßige Überfälle handelt.

Nur wenn eine bewaffnete Auseinandersetzung die oben beschriebenen Merkmale aufweist, wird sie von der AKUF als Krieg bewertet. Werden die Kriterien der Kriegsdefinition bei einer gewaltsamen Auseinandersetzung nicht in vollem Umfang erfüllt, wird dieser als „bewaffneter Konflikt" bezeichnet. In der Regel handelt es sich dabei um Fälle, in denen eine hinreichende Kontinuität der Kampfhandlungen nicht mehr oder auch noch nicht gegeben ist. Bewaffnete Konflikte werden von der AKUF erst seit 1993 erfasst.

[1] Vgl. Krell, Gert: Weltbilder und Weltordnung, Einführung in die Theorie der Internationalen Beziehungen, Baden-Baden, 2004, S. 27ff
[2] Vgl. http://www.sozialwiss.uni-hamburg.de/publish/Ipw/Akuf/kriege_aktuell.htm#Def

Als beendet werden Kriege angesehen, wenn die Kampfhandlungen dauerhaft (mindestens ein Jahr) eingestellt, bzw. nur unterhalb der AKUF- Kriegsdefinition fortgesetzt werden.[3] Des Weiteren unterscheidet die AKUF fünf „Kriegstypen", wonach eine Kategorisierung von Kriegen ermöglicht werden soll.

„ A = *Antiregime-Kriege*: Kriege, in denen um den Sturz der Regierenden oder um die Veränderung oder den Erhalt des politischen Systems oder gar der Gesellschaftsordnung gekämpft wird.

B = *Autonomie- und Sezessionskriege*: Kriege, in denen um größere regionale Autonomie innerhalb des Staatsverbandes oder um Sezession vom Staatsverband gekämpft wird.

C = *Zwischenstaatliche Kriege*: Kriege, in denen sich Streitkräfte der etablierten Regierungen mindestens zweier staatlich verfaßter [SIC!] Territorien gegenüberstehen, und zwar ohne Rücksicht auf ihren völkerrechtlichen Status.

D = *Dekolonisationskriege*: Kriege, in denen um die Befreiung von Kolonialherrschaft gekämpft wird.

E = *Sonstige Kriege* "[4]

Zu beachten ist allerdings, dass sich zahlreiche Kriege nicht eindeutig einem Typus zuordnen lassen, da entweder verschiedene Typen eines Konfliktes überlagern oder sich der Charakter des Krieges im Verlauf der Kampfhandlungen verändert hat, wodurch sogenannte „Mischtypen" entstehen.[5] Neben dem hier definierten und kategorisierten „Kriegsbegriff" hat sich eine weitere Entwicklung von gewaltsamen Konflikten auf nationaler, aber auch internationaler Ebene feststellen lassen, die im nächsten Kapitel erläutert werden soll.

4   „Neue Kriege"

Nach dem Ende des Ost- West- Konfliktes verbreitete sich die internationale Erwartung, dass Kriege nunmehr der Vergangenheit angehören. Was sich tatsächlich änderte war das bis dahin bestehende Kriegsmuster.[6]

---

[3] Vgl. ebd.
[4] http://www.sozialwiss.uni-hamburg.de/publish/Ipw/Akuf/kriege_aktuell.htm#Def
[5] Vgl. ebd.
[6] Vgl. http://www.friedenspaedagogik.de/themen/neue_kriege Herfried Münkler: Die neuen Kriege aus dem Themenheft "Die neuen Kriege", Der, Bürger im Staat, 54. Jahrgang, Heft 4/2004, Landeszentrale für politische Bildung Baden-Württemberg, S. 179 ff

Bis zum Jahre 1991 waren die meisten Konflikte genau durch diesen Konflikt, die „bipolare Blockkonstellation", geprägt. Sie waren vor allem zwischenstaatliche Konflikte, die heute als „klassische Staatenkriege" bezeichnet werden.

Der Gestaltwandel der Kriege, weg vom zwischenstaatlichen-, hin zum innerstaatlichen Konflikt vieler Regionen, beispielsweise Asien, Afrika, aber auch Europa, wie der Krieg auf dem Gebiet des ehemaligen Jugoslawien, prägte den Begriff der „Neuen Kriege", welcher unter anderem vom Politikwissenschaftler Herfried Münkler von der Humboldt- Universität zu Berlin, definiert wurde.

Ursachen für diese „neuen Kriege" sind unter anderem:

- Verteilungsungerechtigkeiten,
- Ressourcenknappheit,
- Pazifismus,
- Klimawandel/ Naturkatastrophen,
- Religiöse/ ethnische Unterschiede.[7]

Eine Grundlage für diese Ursachen bildete, wie bereits beschrieben, das Ende des Gewaltmonopols der bis dato bestehenden Supermächte. Der Zusammenbruch des „alten Systems" sorgte in vielen Regionen der Welt für Ressourcen- und Pazifizierungskriege, sowie zunehmend für terroristische Verwüstungskriege, die immer mehr von privaten Gewaltakteuren charakterisiert wurde.[8]

Durch den Verlust des Gewaltmonopols der Staaten, geht zusätzlich deren Waffenmonopol verloren. Der Erwerb von „billigen Waffen" kommt Warlords, Söldnern, kriminellen Banden und Terrorgruppen zugute und bewirkt ein verstärktes Auftreten privater Akteure. Persönliche Bereicherung wird ein Motiv für „neue Kriege", wodurch ein Prozess der „Entpolitisierung" und „Ökonomisierung" von Konflikten stattfindet.

Nicht nur die Akteure werden dabei schwerer zu erkennen, sondern auch die Gewaltschauplätze werden wechselhafter. Staatsgrenzen werden meist unerkannt überschritten (bspw. Taliban von Pakistan nach Afghanistan und umgekehrt).

In einer Reihe von Konflikten wird eine Abgrenzung von Kombattanten und Nicht-Kombattanten nur noch sehr selten möglich.

Nachdem nun ein kurzer Überblick zur Entwicklung der Konflikte hin zur Kategorie der „neuen Kriege" gegeben wurde, wird im nächsten Kapitel zum einen eine Übersicht der Konflikte seit 1945 auf der Welt gegeben. Danach werde ich eine Momentaufnahme der aktuellen, weltweiten Konflikte skizzieren.

---

[7] vgl. ebd.
[8] vgl. ebd.

5 Empirische Befunde-Entwicklungstrends der Kriege und bewaffneten Konflikte seit 1945

5.1 Allgemeiner Überblick

In diesem Kapitel soll, wie oben bereits beschrieben, eine Übersicht der Kriege und bewaffneten Konflikte seit 1945 gegeben werden. Es soll ebenfalls versucht werden, Entwicklungstrends seit dieser Zeit zu erkennen. Im darauf folgenden Schritt werde ich auf die aktuellen Konflikte auf der Welt eingehen. Die Grundlage der hier verarbeiteten Werte bilden Ergebnisse der Hamburger Arbeitsgemeinschaft Kriegsursachenforschung (AKUF). Demnach zählt die AKUF in der Zeit von 1945 bis zum Jahre 2007 insgesamt 238 Kriege.[9] Eine interessante Beobachtung, die uns im weiteren Verlauf der Arbeit weiter beschäftigen wird ist, dass es von 1945 bis 1992 eine fast stetige Zunahme der weltweiten Kriege von etwa einem laufenden Krieg pro Jahr gegeben hat.[10]

Dabei fällt besonders auf, dass die sogenannten „Zentren der bürgerlich-kapitalistischen Welt"[11] weitgehend frei von Kriegen war. Über 90% der Kriege nach 1945 fanden in den Regionen der Dritten Welt statt. Kriegerische Auseinandersetzungen wurden so in die Peripherien verlagert.[12] Diese Verlagerung der Kriegsschauplätze und auch die Beteiligung der jeweiligen Akteure soll im Folgenden mit einigen Zahlen veranschaulicht werden.

Von den bereits angesprochenen 238 Kriegen seit 1945 fanden

- 68 in Asien,
- 64 im Afrika südlich der Sahara,
- 60 im Vorderen und Mittleren Orient,
- 30 in Süd- und Mittelamerika und
- 16 in Europa statt.

In Nordamerika hat sich gar überhaupt kein Krieg ereignet.[13]

Der relativ friedlichen, westlich- industriegesellschaftlichen Welt, steht allerdings ein recht hohes Maß an kriegerischem Eingreifen in diverse Konflikte, vor allem der Dritten Welt, gegenüber. Die häufigsten Beteiligungen an Kriegen haben Großbritannien mit 22, die USA mit 16 und Frankreich mit 14 Beteiligungen zu verzeichnen. Gründe hierfür sind bei der USA vor allem beim Versuch der Durchsetzung ihres Hegemonieanspruches auf militärischem

---

[9] Vgl. http://www.sozialwiss.uni-hamburg.de/publish/Ipw/Akuf/kriege_archiv.htm
[10] Vgl. ebd.
[11] ebd.
[12] Vgl. ebd.
[13] Vgl. ebd.

Wege zu suchen. Für Großbritannien und Frankreich ist der Hauptgrund beim Engagement in ehemaligen Kolonien zu suchen.[14]

Diese Beteiligung Dritter vor allem an innerstaatlichen Kriegen ist seit den 1980er Jahren jedoch deutlich zurückgegangen.[15]

Gründe hierfür lassen sich nur erahnen. Doch die Beobachtung des Beteiligungsverhaltens der angesprochenen Mächte lässt vermuten, dass diese ihre Erfahrungen betreffend ihres Engagements gemacht haben. Offensichtlich scheint sich ein parteiisches Mitkämpfen für eine rational denkende Macht, bzw. Nation nicht zu rentieren. Eine schlüssige Vermutung ist ebenfalls, dass sich seit dem sich langsam nähernden Ende des bipolaren Systems das Interesse der Supermächte, vor allem der USA, an der Verbreitung der Ideologien, verloren gegangen ist.

5.2 Innerstaatliche Kriege

Eine weitere interessante, bereits in Kapitel 3 angesprochene Entwicklung ist der Wandel vom „klassischen zwischenstaatlichen Konflikt" hin zum innerstaatlichen.

So zeigt sich, dass zwei Drittel aller Kriege seit 1945 innerstaatlich waren und lediglich ein knappes Viertel internationale, zwischenstaatliche Kriege waren, wobei die „Dekolonisationskriege" schon berücksichtigt sind. Das bereits angesprochene Wachstum der Kriege seit 1945 resultiert daher eindeutig aus den innerstaatlichen Kriegen. Kategorisiert man diese innerstaatlichen Kriege nach der bereits erläuterten Kriegstypologie aus Kapitel 2, so zeigt sich, dass fast die Hälfte dieser Konflikte „Antiregimekriege" waren.[16]

Untersuchungen haben ergeben, dass ein erheblicher Teil der innerstaatlichen Kriege, vor allem der „Antiregimekriege", aus gescheiterter gesellschaftlicher Integration resultieren.[17]

Gründe für die mangelhafte Integration sind beispielsweise wirtschaftliche Strukturschwächen, Ungleichheiten in der Einkommensverteilung oder auch willkürliche Privilegierung bestimmter Gruppen, die Missgunst, Verärgerung und Gewalt produzieren.

Fragile, häufig nur formal vorhandene Staaten, sind kaum in der Lage ein Macht- Gewalt- und Waffenmonopol zu erlangen, um etwaige gesellschaftliche Probleme oder entstandene, bewaffnete Auseinandersetzungen zu unterbinden.

---

[14] Vgl. ebd.
[15] Vgl. ebd.
[16] Vgl. http://www.sozialwiss.uni-hamburg.de/publish/Ipw/Akuf/kriege_archiv.htm
[17] vgl. ebd.

5.3   Quantitative Entwicklung des Kriegsgeschehens

Die bereits oben beschriebene Entwicklung der Kriege zeichnete sich Anfang der 1990er
Jahre nochmals durch einen starken Anstieg der Konflikte aus. Der Hauptgrund hierfür ist die
Auflösung der Sowjetunion und Jugoslawiens, welche zu Unabhängigkeitsbestrebungen
einzelner Regionen führte, die gewaltsam durchgesetzt werden sollten. Seit 1992 lässt sich
allerdings eine gegenläufige Tendenz erkennen. Wo 1992 noch 55 Kriege weltweit wüteten,
gab es im Jahre 1997, sprich 5 Jahre später, lediglich 26.[18] Eine umfassende Erklärung für
dieses Phänomen gibt es nicht, bzw. die bestehenden Erklärung werden als unzureichend
eingestuft. Zwar gab es in früheren Perioden seit 1945 kurzfristige Rückgänge von
Konflikten, doch bis dahin waren diese nie so ausgeprägt. Auch wenn man die verschiedenen
Krisenregionen betrachtet lässt sich insgesamt kein erklärender Charakter feststellen.[19]

Zur Veranschaulichung der Kriege und bewaffneten Konflikte befindet sich im Anhang eine
Übersicht nach Kontinenten, wodurch die betroffenen Länder und Regionen dargestellt
werden. Im nächsten Kapitel werde ich ebenfalls in empirischer Darstellung die aktuellen
Konflikte der Welt darstellen.

6   Aktuelle Kriege und bewaffnete Konflikte

Die AKUF zählte im Jahr 2007 weltweit 28 Kriege und 14 bewaffnete Konflikte. Dies war
der niedrigste Stand seit 1993. Allerdings war die Gesamtentwicklung der Kriege nicht nur
positiv. So wurden im Jahr 2007 drei neue Kriege und drei neue bewaffnete Konflikte gezählt.
Zu nennen sind hier die immer noch anhaltenden Konflikte im Libanon, Indien, Niger, Iran
oder Äthiopien.[20]

Drei laufende Konflikte liegen besonders im öffentlichem Interesse:

-    der Irak mit der „Operation Iraqi Freedom",

-    Afghanistan mit dem „ISAF"- Einsatz,

-    und die palästinensischen Autonomiegebiete Gaza und Westjordanland.

Des weiteren lässt sich erkennen, dass jeder Kontinent eine bestimmte Besonderheit in Bezug
auf Kriege und Konflikte aufweist:

Der **afrikanische Kontinent** hat die Konflikte mit den höchsten Intensitäten vorzuweisen.
Beispiele hierfür ist die Krisenregion Dafur im Sudan oder die Bürgerkriege im Kongo,
Tschad oder Somalia.

---

[18] Vgl. ebd.
[19] Vgl. ebd.
[20] Vgl. http://www.sozialwiss.uni-hamburg.de/publish/Ipw/Akuf/kriege_aktuell.htm

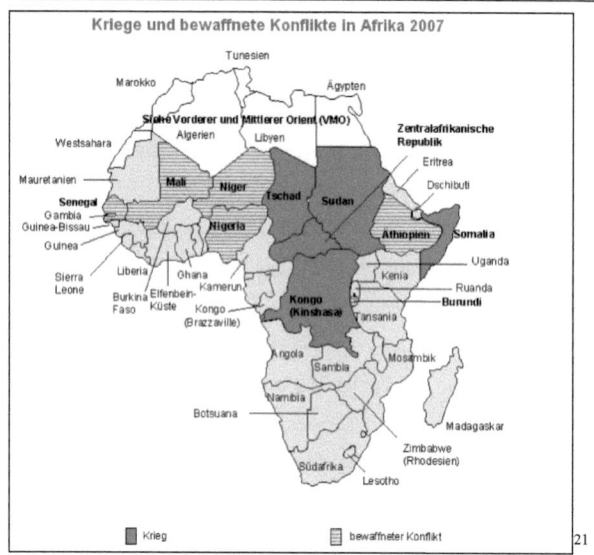

Der **asiatische Kontinent** weist die meisten laufenden Konflikte insgesamt auf. 16 Kriege und bewaffnete Konflikte, wobei allein Indien 6 aufweist.

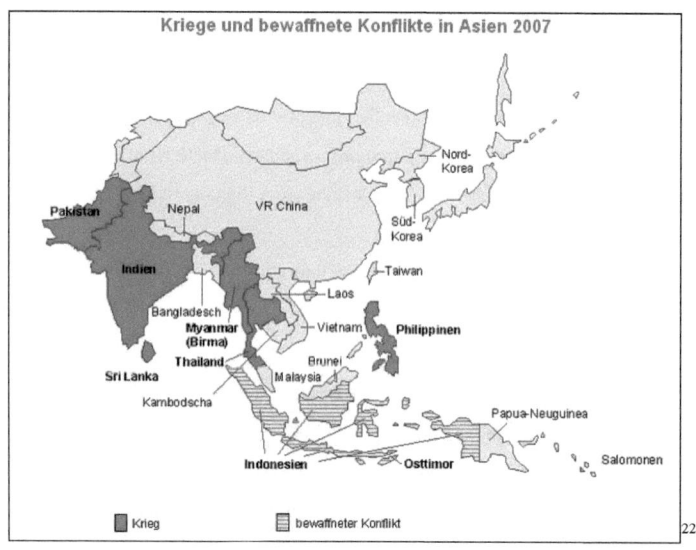

Der **Vordere- und Mittlere Orient** weist die Konflikte mit dem höchsten öffentlichen Interesse in der westlichen Welt auf. Wie bereits genannt, handelt es sich unter anderem um

---

[21] http://www.sozialwiss.uni-hamburg.de/publish/Ipw/Akuf/kriege_afrika.htm
[22] http://www.sozialwiss.uni-hamburg.de/publish/Ipw/Akuf/kriege_asien.htm

die Kriege im Libanon oder dem Irak. Auch zuletzt der Tschetschenien- Konflikt in Russland und der Kurdenkonflikt in der Türkei und dem Nordirak sorgten für Medieninteresse.

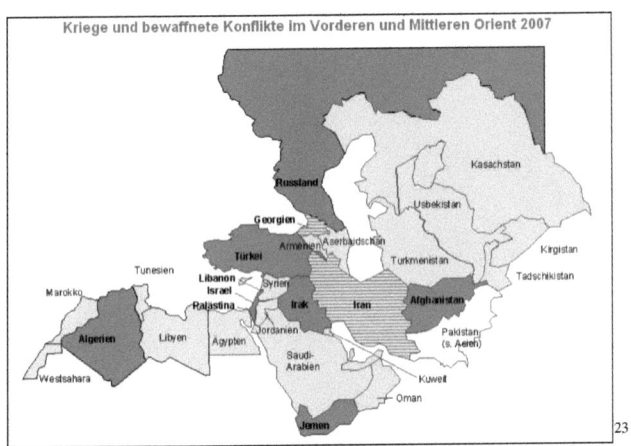

Kriege und bewaffnete Konflikte im Vorderen und Mittleren Orient 2007 [23]

In **Lateinamerika** herrschen zur Zeit lediglich in einem Land jeweils ein Krieg und ein bewaffneter Konflikt. Es handelt sich hierbei um Kampfhandlungen zwischen zwei linksgerichteten Rebellengruppen und der Regierung Kolumbiens seit Mitte der 1960er Jahre.

---

[23] http://www.sozialwiss.uni-hamburg.de/publish/Ipw/Akuf/kriege_vmo.htm

Kriege und bewaffnete Konflikte in Lateinamerika 2007

Europa und Nordamerika sind ausnahmslos befriedet. Im Anhang ist Abbildung 6 zu finden, die alle aktuellen Kriege und bewaffneten Konflikte aufzeigt. Aus Platzgründen verzichte ich auf eine detaillierte Darstellung. Im 6. Kapitel möchte ich auf einige Statistiken zur Entwicklung von Kriegen und bewaffneten Konflikten kommen, um die Veränderung dieser anschaulich darstellen zu können.

7   Statistiken zur Entwicklung von Kriegen und bewaffneten Konflikten, sowie bestehender Auseinandersetzungen

In diesem Kapitel möchte ich anhand von diversen Graphiken nochmals erläutern, wie sich Konflikte entwickelt haben, sowie darstellen, wie Konflikte heute zu bewerten sind. Die vorliegenden Statistiken habe ich aus den „Konflikt- Barometern" 2008 und 2009 des Heidelberger Instituts für Internationale Konfliktforschung e.V. (HIIK) entnommen. Zunächst zur Entwicklung von inner- und zwischenstaatlichen Konflikten:

---

[24] http://www.sozialwiss.uni-hamburg.de/publish/Ipw/Akuf/kriege_latam.htm

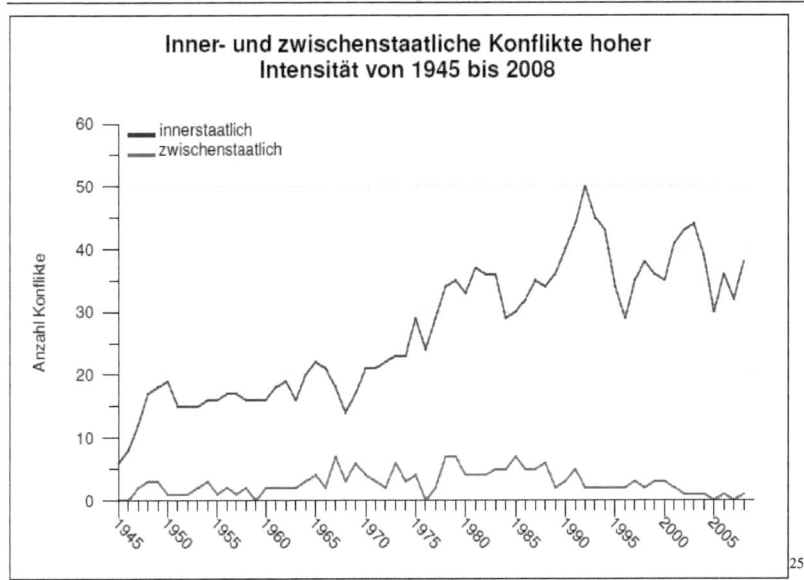

Inner- und zwischenstaatliche Konflikte hoher
Intensität von 1945 bis 2008

[25]

Bei der Betrachtung des Graphen erkennen wir, dass *zwischenstaatliche* Konflikte seit 1945 seltene Ereignisse waren. Es gab nie mehr als 8 von ihnen gleichzeitig. Weiter ist erkennbar, dass seit dem Ende der späten 1980er Jahre diese Konflikte zunächst abnahmen, bevor sie im Zuge des Zusammenbruchs der bipolaren Welt zunächst kurz zunahmen. Über die 1990er Jahre blieb die Zahl konstant, bevor sie seit dem Jahr 2000 weiter abnahm. Zwischenzeitlich und auch aktuell haben wir keinen zwischenstaatlichen Krieg zu verzeichnen.

Die *innerstaatlichen* Konflikte wiederum zeigen bereits seit 1945 einen Anstieg, der vor allem in den 1970er Jahren stark zunahm. Aus dem gleichen Grund wie den zwischenstaatlichen Konflikten, haben gerade nach den Jahren der Post- bipolarität die innerstaatlichen Konflikte zugenommen. Seit einer starken Abnahme in den Jahren 1995/1996 gab es eine stetige Zu- und Abnahme.

Betrachten wir die Intensitäten von Konflikten nach inner- und zwischenstaatlichem Aspekt:

[25] Heidelberger Institut für Internationale Konfliktforschung, Konfliktbarometer 2008, 17. jährliche Konfliktanalyse, 2008, S.2

13

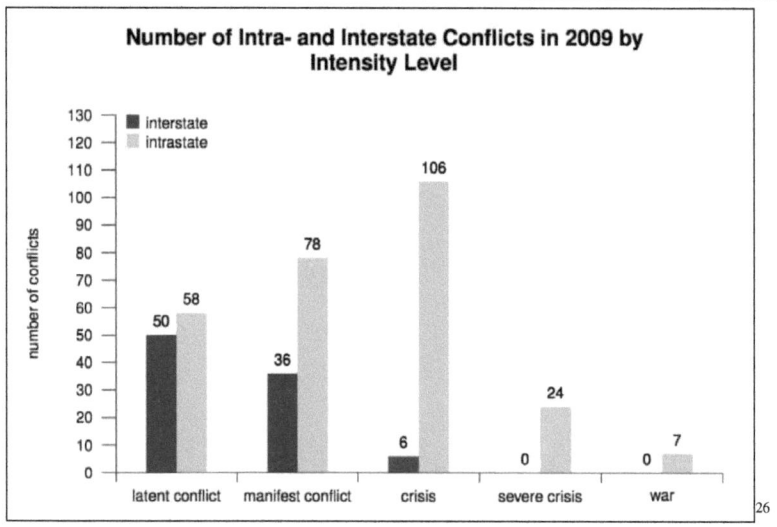

Unterschieden werden hier Konflikte nach fünf verschiedenen Intensitäten, wobei lediglich die höchste Intensität als „Krieg" bezeichnet wird. Die Intensitäten darunter sind „bewaffnete Konflikte".

Wir sehen hier zunächst, dass zwischenstaatliche Konflikte sich in geringerer Zahl ereignen. Je höher die Intensität eines Konfliktes ist, desto weniger werden sie interstaatlich. In den Intensitäten vier und fünf gibt es gar keinen zwischenstaatlichen Konflikt im Jahre 2009. Innerstaatliche Konflikte wiederum sind in allen Intensitäten zu verzeichnen. Vor allem Konflikte mittlerer Intensität sind mit 106 Vorkommnissen hoch. Nach der HIIK gab es im Jahr 2009 sieben Kriege weltweit, welche alle innerstaatlich waren.

In der letzten Graphik möchte ich verdeutlichen, wie sich die Gesamtzahl von Konflikten der verschiedenen Intensitäten verändert haben:

---

[26] Heidelberger Institut für Internationale Konfliktforschung, Konfliktbarometer 2009, 18. jährliche Konfliktanalyse, 2009, S.2

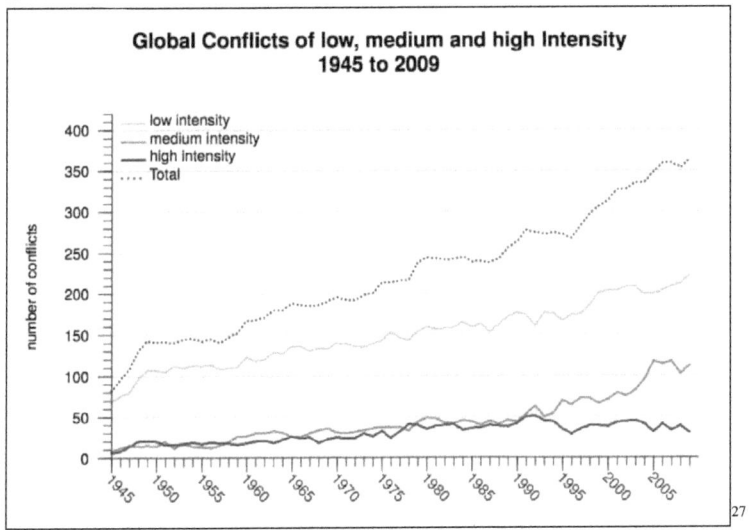

27

Diese Darstellung ist besonders interessant in Hinblick auf die Gesamtzahl der Konflikte. Zunächst ist wie schon oben erwähnt zu erkennen, dass Konflikte *hoher Intensität*, sprich Kriege, kontinuierlich seit 1945 gestiegen sind und seit Anfang der 1990er leicht zurück gegangen sind. Allerdings sind Konflikte *mittlerer und niedriger* Intensität, die ebenfalls kontinuierlich seit 1945 angestiegen sind, vor allem seit 1990 angestiegen. Dadurch lässt sich an der Gesamtzahl der Konflikte erkennen, dass diese in den letzten 20 Jahren in der post-bipolaren Zeit stark angestiegen ist.

Die hier zuletzt gewonnenen Erkenntnisse sollen nun im letzten Kapitel in einem kurzen Fazit helfen eine Zusammenfassung und einen Ausblick auf die weitere Entwicklung geben zu können.

8 Fazit

Die Graphiken und Interpretationen des letzten Kapitels sollten nochmals die im empirischen Teil bereits erläuterten Fakten verdeutlichen. Der Anstieg an Konflikten aller Intensitäten zeigt, dass die Hoffnung nach weltweitem Frieden nach der Auflösung der bipolaren Welt nicht erreicht werden konnte. Die Empirie beweist sogar die gegenteilige Entwicklung, wie wir bereits erkennen konnten. Mit diesem Vortrag sollte ein Überblick über die theoretischen Grundbegriffe zur Gewalt in den Internationalen Beziehungen gegeben werden. Die Wandlung des „klassischen Kriegsbegriffs" hat zwar noch immer definierende Wirkung, doch

---

[27] Heidelberger Institut für Internationale Konfliktforschung, Konfliktbarometer 2009, 18. jährliche Konfliktanalyse, 2009, S.2

die Begrifflichkeit der „neuen Kriege" und deren Ursachen lassen sich in den aktuell und gegenwärtigen Konflikten der Welt wiederfinden. Dadurch verliert die Kategorisierung und Typologisierung von Kriegen, wie wir sie im 3. Kapitel kennen gelernt haben, nicht ihre Bedeutung. Für die Zukunft und die weitere Entwicklung von Kriegen und bewaffneten Konflikten bleiben eine Reihe von Fragen offen. So ist schwer nachvollziehbar, ob sich der Trend fortsetzen wird, dass es immer mehr Konflikte auf innerstaatlicher Ebene, vor allem in „failed states", mit mittlerer und niedriger Intensität stattfinden werden. Es lässt sich lediglich vermuten, dass vor allem diese angesprochenen Staaten der Dritten Welt durch ihr fehlendes Gewalt- und Machtmonopol oft machtlos den neuen, privaten Kriegsakteuren entgegenstehen. Wie wird sich der immer weiter aufkommende Terrorismus weiterentwickeln und welches Potenzial zur Unruhestiftung steckt in ihr? Wird der Ressourcenkampf um die letzten für die Industriestaaten so obligatorischen Rohstoffe geben und wenn ja, wie wird dieser ausgetragen? Wird mit „humanitären Interventionen" tatsächlich eine unentgeltliche Hilfe von Industriestaaten im Sinne des Menschenrechtsschutz betrieben oder ist dies ein Deckmantel zur Durchsetzung eigener, rationaler Interessen? Wie werden sich die bestehenden Konflikte entwickeln? Wird es wie in Kolumbien gar Jahrzehnte dauern, bis in einigen Regionen der Welt eine Änderung abzusehen ist?

Dies war nur ein Bruchteil von Fragen, die zu diesem Thema zu stellen sind und zum Diskurs anregen sollten. Eines ist wohl zusammenfassend zu beobachten:

Bereits Clausewitz hat erkannt, dass der Krieg ein „wahres Chamäleon" ist und sich veränderten Bedingungen anpasst.[28] Fragwürdig ist in diesem Zug wiederum, inwiefern der Krieg wandlungsfähig ist.

Schlussendlich ist festzuhalten, dass diese Beobachtung der Entwicklung von weltweiten Konflikten für uns als Soldaten nie enden darf.

---

[28] Vgl. http://www.oiip.at/fileadmin/Unterlagen/Dateien/Chamaeleon_des_Krieges.pdf

9   Anhang

10   Kriege und bewaffnete Konflikte von 1945 bis 2007 nach Kontinenten

^{29} Abb.1

Kriege seit 1945 in Lateinamerika: **30**
Bewaffnete Konflikte: **5**

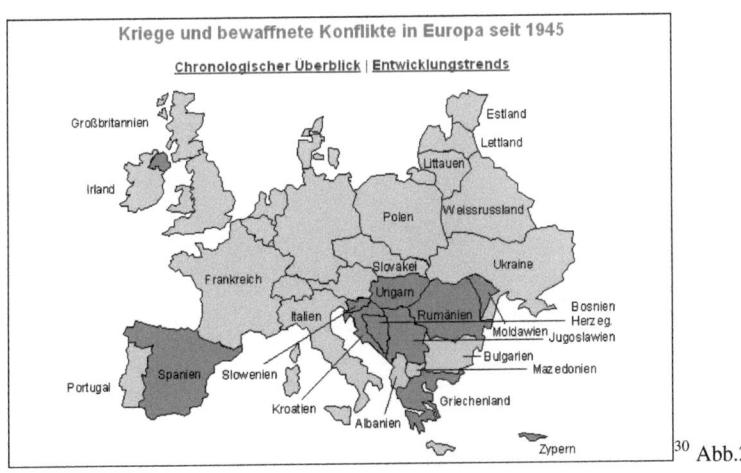

^{30} Abb.2

Kriege seit 1945 in Europa: **16**

---

^{29} http://www.sozialwiss.uni-hamburg.de/publish/Ipw/Akuf/archiv_latam.htm
^{30} http://www.sozialwiss.uni-hamburg.de/publish/Ipw/Akuf/archiv_europa.htm

Bewaffnete Konflikte: **3**

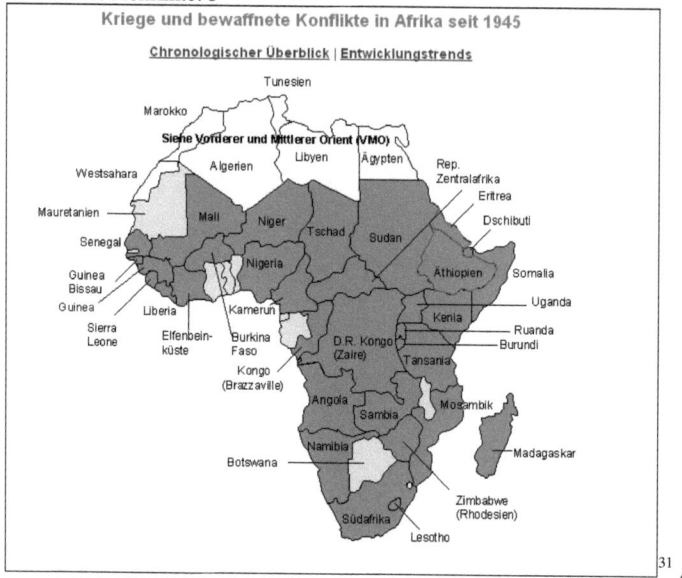

³¹ Abb.3

Kriege seit 1945 in Afrika: **64**
Bewaffnete Konflikte: **16**

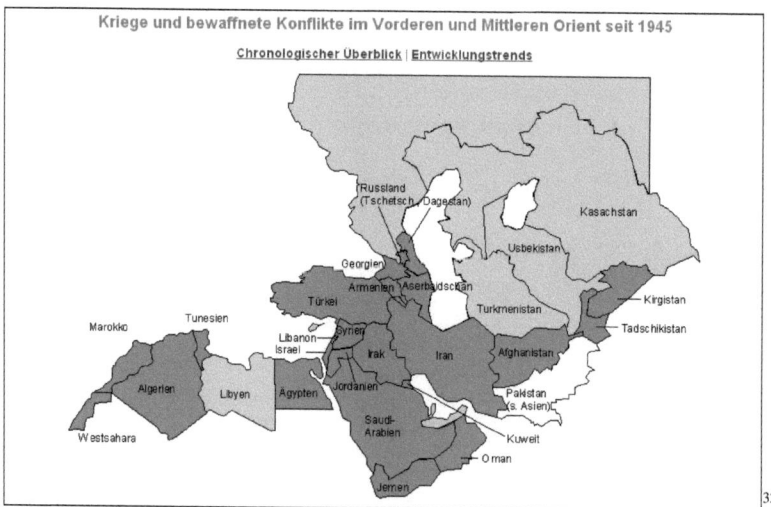

32

Abb.4
Kriege seit 1945 im Vorderen und Mittleren Orient: **60**

---

³¹ http://www.sozialwiss.uni-hamburg.de/publish/Ipw/Akuf/archiv_afrika.htm
³² http://www.sozialwiss.uni-hamburg.de/publish/Ipw/Akuf/archiv_vmo.htm

Bewaffnete Konflikte: **6**

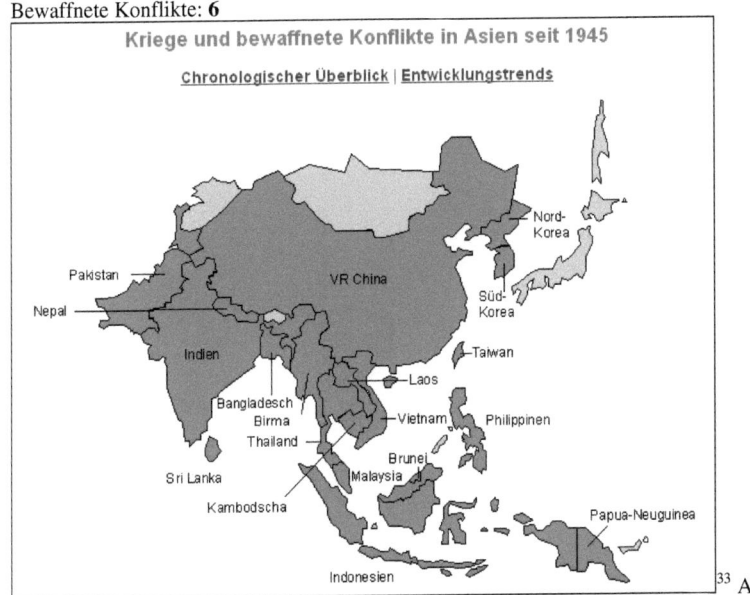

Kriege und bewaffnete Konflikte in Asien seit 1945

Chronologischer Überblick | Entwicklungstrends

[33] Abb.5

Kriege seit 1945 in Asien: **68**
Bewaffnete Konflikte: **9**

---

[33] http://www.sozialwiss.uni-hamburg.de/publish/Ipw/Akuf/archiv_asien.htm

11   Übersicht der aktuellen Konflikte aus dem Jahre 2007

Liste der Kriege und bewaffneten Konflikte 2007

Kriege	Beginn	Einstufung 2007*

Afrika

Äthiopien (Ogaden)	2006	Bewaffneter Konflikt
Burundi	1993	Bewaffneter Konflikt
Kongo-Kinshasa (Ostkongo)	2005	Krieg
Mali (Tuareg)	2006	Bewaffneter Konflikt
Niger (Tuareg)	2007	Bewaffneter Konflikt
Nigeria (Nigerdelta)	2003	Bewaffneter Konflikt
Senegal (Casamance)	1990	Bewaffneter Konflikt
Somalia	1988	Krieg
Sudan (Darfur)	2003	Krieg
Tschad	2006	Krieg
Zentralafrikanische Republik	2006	Krieg

Asien

Indien (Assam)	1990	Krieg
Indien (Kaschmir)	1990	Krieg
Indien (Manipur)	2005	Krieg
Indien (Nagas)	1969	Bewaffneter Konflikt
Indien (Naxaliten)	1997	Krieg
Indien (Tripura)	1999	Krieg
Indonesien (Westpapua)	1963	Bewaffneter Konflikt
Myanmar	2003	Krieg
Osttimor	2006	Bewaffneter Konflikt
Pakistan (Belutschistan)	2005	Krieg
Pakistan (Sunniten/Schiiten)	2001	Bewaffneter Konflikt
Pakistan (Taliban)	2007	Krieg
Philippinen (Mindanao)	1970	Krieg
Philippinen (NPA)	1970	Krieg
Sri Lanka (Tamilen)	2005	Krieg
Thailand (Südthailand)	2004	Krieg

Vorderer und Mittlerer Orient

Afghanistan (Mujahedin/Warlords)	1978	Krieg
Afghanistan (Taliban)	2001	Krieg
Algerien	1992	Krieg
Georgien (Abchasien)	2006	Bewaffneter Konflikt
Georgien (Südossetien)	2004	Bewaffneter Konflikt
Irak	1998	Krieg
Iran (Kurdistan)	2005	Bewaffneter Konflikt
Israel (Palästina)	2000	Krieg
Jemen	2004	Krieg
Libanon (Fatah al-Islam)	2007	Krieg
Palästina (Hamas/Fatah)	2007	Krieg
Russland (Tschetschenien)	1999	Krieg
Türkei (Kurdistan)	2004	Krieg

Lateinamerika

Kolumbien (ELN)	1964	Bewaffneter Konflikt
Kolumbien (FARC)	1965	Krieg

[34] Abb.6

12   Literaturverzeichnis

Heidelberger Institut für Internationale Konfliktforschung, Konfliktbarometer 2008, 17. jährliche Konfliktanalyse, 2008, S.2

Heidelberger Institut für Internationale Konfliktforschung, Konfliktbarometer 2009, 18. jährliche Konfliktanalyse, 2009, S.2

Krell, Gert: Weltbilder und Weltordnung, Einführung in die Theorie der Internationalen Beziehungen, Baden-Baden, 2004, S. 27ff

Internetquellen (Stand: 08.02.2010)

http://www.friedenspaedagogik.de/themen/neue_kriege, Herfried Münkler: Die neuen Kriege aus dem Themenheft "Die neuen Kriege", Der Bürger im Staat, 54. Jahrgang, Heft 4/2004, Hrsg. Landeszentrale für politische Bildung Baden-Württemberg, S. 179

http://www.oiip.at/fileadmin/Unterlagen/Dateien/Chamaeleon_des_Krieges.pdf

www.politikwissenschaft.tu-darmstadt.de/.../pattberg/Grundlagen_der_Internationalen_Beziehungen_V5.ppt

http://www.sozialwiss.uni-hamburg.de/publish/Ipw/Akuf/archiv_afrika.htm
http://www.sozialwiss.uni-hamburg.de/publish/Ipw/Akuf/archiv_asien.htm
http://www.sozialwiss.uni-hamburg.de/publish/Ipw/Akuf/archiv_europa.htm
http://www.sozialwiss.uni-hamburg.de/publish/Ipw/Akuf/archiv_latam.htm
http://www.sozialwiss.uni-hamburg.de/publish/Ipw/Akuf/archiv_vmo.htm
http://www.sozialwiss.uni-hamburg.de/publish/Ipw/Akuf/kriege_aktuell.htm
http://www.sozialwiss.uni-hamburg.de/publish/Ipw/Akuf/kriege_aktuell.htm#Def
http://www.sozialwiss.uni-hamburg.de/publish/Ipw/Akuf/kriege_afrika.htm
http://www.sozialwiss.uni-hamburg.de/publish/Ipw/Akuf/kriege_aktuell.htm
http://www.sozialwiss.uni-hamburg.de/publish/Ipw/Akuf/kriege_archiv.htm
http://www.sozialwiss.uni-hamburg.de/publish/Ipw/Akuf/kriege_asien.htm
http://www.sozialwiss.uni-hamburg.de/publish/Ipw/Akuf/kriege_latam.htm
http://www.sozialwiss.uni-hamburg.de/publish/Ipw/Akuf/kriege_vmo.htm